Klemmentinis – Nicht vergessen!

Haben Sie auch bisweilen das Gefühl, alles zu vergessen? Machen Sie sich Knoten ins Taschentuch, an deren Grund Sie sich nicht mehr erinnern, und schreiben Sie kleine Zettelchen, die Sie verlegen?

Damit ist jetzt Schluss! Mit den Klemmentinis vergessen Sie nichts mehr. Gestalten Sie aus Holzwäscheklammern, etwas Farbe, Papier, Draht und wenig mehr sympathische Gestalten, die Ihnen gerne behilflich sind, alles Wichtige zu behalten. Ob Arzttermin, Telefonnummer, Geburtstage oder Einkaufsliste, ein Klemmentini denkt für Sie daran. Das ist doch ein schönes Gefühl, oder?

Herzlich, Ihr

Die Motive lassen sich in folgende Schwierigkeitsgrade unterteilen:

● ○ ○ einfach ● ● ○ etwas schwieriger ● ● ● anspruchsvoll

MATERIAL

- Holzwäscheklammern, 2,5 cm, 4,5 cm und 7,5 cm lang
- Acrylfarben
- Klarlack
- Fotokarton
- Wackelaugen
- Abacafaser/Grasfaser
- verschiedene Kordeln
- Holzperlen
- Scheibenmagnete, ø 1,2 cm
- Sperrholz, 4 mm und 1 cm stark
- geglühter Blumendraht, ø 0,35 mm
- Holz- oder Terrakottamalstifte, ø 1 mm und ø 3 mm
- Buntstift in Rot

Folgende Werkzeuge und Hilfsmittel gehören zur **Grundausstattung**. Sie werden bei den einzelnen Modellen nicht nochmals aufgeführt.

- Bleistift
- Transparentpapier oder Butterbrotpapier
- Kartonreste
- Schere
- Cutter mit Schneideunterlage
- Alleskleber, z. B. UHU
- Expressleim für Holz
- Seitenschneider (zum Draht abschneiden)
- Haarpinsel Nr. 2 und Nr. 4
- Schaschlikstäbchen, ø 3 mm (für Drahtspiralen)
- Vorstechnadel
- Lochzange
- Pinzette (Wackelaugen anbringen)
- feiner Filzstift in Rot und Schwarz
- Tuschefüller, ø 0,2 mm (Gesichter zeichnen)
- Buntstift in Rot
- Nadel mit großem Öhr
- Akkubohrer, ø 1 mm und ø 3 mm
- Laub- und Dekupiersäge
- Schmirgelpapier

Hinweis: Ist kein Maß angegeben, kommen Sie mit einem Rest kleiner als A5 aus.

So geht's

Wäscheklammern aus Holz

Die Klammern entweder zerlegen, bemalen und wieder zusammenbauen oder als ein Teil bemalen. Das Zerlegen und Zusammenbauen muss vor dem Bemalen der Klammern geübt werden, denn es setzt eine gewisse Geschicklichkeit voraus. Der Fachhandel bietet auch bereits gefärbte Klammern an (in Rot, Blau, Gelb und Grün). Oftmals werden den grundierten Klammern mit Holz- oder Terrakottamalstiften Muster aufgetupft. Diese Stifte haben den Vorteil, dass sie gut deckend sind – auch helle Farben auf dunklen – und man mit ihnen leichter Muster aufmalen kann als mit dem Pinsel. Natürlich ist es aber auch möglich, die Muster mit einem dünnen Pinsel oder einem Schaschlikstäbchen aufzubringen.

Schablonen anfertigen und mit ihnen arbeiten

Die Motivteile auf dem Vorlagenbogen ohne Überschneidungen nebeneinander mit Bleistift auf Transparentpapier oder Butterbrotpapier abpausen. Das Transparent- oder Butterbrotpapier auf einen Kartonrest kleben und die Motivteile ausschneiden. Fertig sind die Schablonen. Diese auf Fotokarton in der gewünschten Farbe legen, die Umrisse mit Bleistift nachziehen und die Motivteile ausschneiden. Anschließend die Teile entsprechend der Abbildung und dem Vorlagenbogen zusammenkleben.

Gesichter

Die Gesichter leicht mit Bleistift vorzeichnen. Ein Tuschefüller ist feiner als der feinste Filzstift und deshalb für die kleinformatigen Gesichter bestens geeignet. Die Lichtpunkte in den Augen mit weißer Acrylfarbe und der Spitze eines Schaschlikstäbchens oder einer Nadel auftupfen. Bisweilen werden die Augen mit der stumpfen Seite des Schaschlikstäbchens aufgetupft und dann die Pupillen mit Tuschefüller aufgesetzt. Die Wangen und den Mund bei manchen Motiven mit Buntstift röten.

Wackelaugen

Die kleinen Wackelaugen mit der Pinzette halten, mit Klebstoff bestreichen und dann auf dem Motiv platzieren.

Drahtspiralen anfertigen

Den Draht gleichmäßig um ein Schaschlikstäbchen wickeln, abstreifen und auf die gewünschte Länge dehnen.

Befestigung mit Magneten

Auf die Rückseite der Wäscheklammer einen runden Magneten, ø 1,2 cm, kleben. So kann das Motiv auf metallischen Flächen wie Kühlschrank, Computer, Auto etc. befestigt werden.

Klammerflächen aus Sperrholz

Einige Klemmentinis werden an Sperrholzflächen angeklammert, z. B. bei dem Familienbrett auf Seite 10/11 oder bei der Messlatte auf Seite 25. Die Sperrholzflächen werden ausgesägt und mit Schmirgelpapier, v. a. an den Rändern, bearbeitet. Sie müssen nach dem Bemalen noch mit Klarlack bestrichen oder besprüht werden, weil sonst Farbspuren der bemalten Wäscheklammern zurückbleiben.

Damit die Klammern, wenn die Sperrholzfläche an der Wand befestigt ist, jederzeit wieder abgenommen bzw. angeklammert werden können, muss unter die Sperrholzfläche eine mindestens 1 cm dicke Leiste geleimt werden. Diese Leiste kann entweder an die Wand geschraubt oder mit verformbaren Klebepads (UHU tac) angeklebt werden. Die verformbaren Klebepads lassen sich spurlos wieder vom Untergrund lösen.

Einkäufe und Geburtstage

→ denk dran!

KROKODIL

MOTIVHÖHE
ca. 16 cm

MATERIAL
- Holzwäscheklammer, 7,5 cm lang
- Acrylfarbe in Zitronengelb
- Fotokarton in Grün, Weiß und Rot
- 2 Wackelaugen, ø 7 mm
- Silberdraht, ø 0,5 mm, 12 cm und 16 cm lang
- 4 Holzperlen in Gelb, ø 8 mm

VORLAGENBOGEN 1A

FUCHS

MOTIVHÖHE
ca. 14 cm

- Holzwäscheklammer, 7,5 cm lang
- Acrylfarbe in Blau und Weiß
- Fotokarton in Orange, Weiß und Blau sowie beliebigen anderen Farben
- geglühter Blumendraht, ø 0,35 mm, 3 x 5 cm lang
- Baumwollfaden in Weiß, ø 1 mm, 6 x 20 cm lang

VORLAGENBOGEN 1A

Krokodil

1 Die Klammer gelb bemalen.

2 Das Kopfteil doppelt ausschneiden, an der gestrichelten Linie anritzen und umklappen. Auf das untere Kopfteil die rote Zunge kleben, dann beide Kopfteile oberhalb der Faltlinie zusammenkleben. Die Wackelaugen aufkleben und die Nasenlöcher aufmalen.

3 Auf Kopf, Rumpf und Wäscheklammer schwarze Punkte auftupfen. Füße und Hände ausschneiden. Mit der Lochzange die Löcher stanzen.

4 Den grünen Rumpf von hinten, den Kopf von vorne auf die Klammer kleben. Die beiden Drähte durch die Löcher im Rumpf stecken, jeweils eine Perle und eine Hand oder einen Fuß auffädeln und die Drahtenden scharf zurückbiegen. Den Zettel in die Hand kleben.

Fuchs

1 Die Klammer blau bemalen und die Einzelteile zuschneiden.

2 Am Kopf die Ohrinnenflächen weiß ausmalen. Augen und Nase mit Tuschefüller ergänzen. Sechs Löcher einstechen und die Barthaare durchstecken.

3 Am Rumpf die Brust-Bauchfläche weiß anmalen und den Hals an der Strichpunktlinie nach hinten klappen. Darauf den Kopf kleben. Das Schild befestigen und Arm und Pfoten ergänzen.

4 Die Baumwollfäden zur Hälfte durch die Klammerspirale ziehen und an den Enden jeweils ein Monatskärtchen in beliebiger Größe anknoten. Den Fuchs auf die Klammer kleben. Zum Schluss den Schwanz hinten an der Klammer anbringen.

Januar
7. Franziska
18. Martin
21. Petra
23. Daniel
GEBURTSTAGE
Januar
19. Franziska
21. Petra
EINKAUFEN
Eier
Brot
Milch
Zucker

Endlich Urlaub

→ das müssen alle wissen

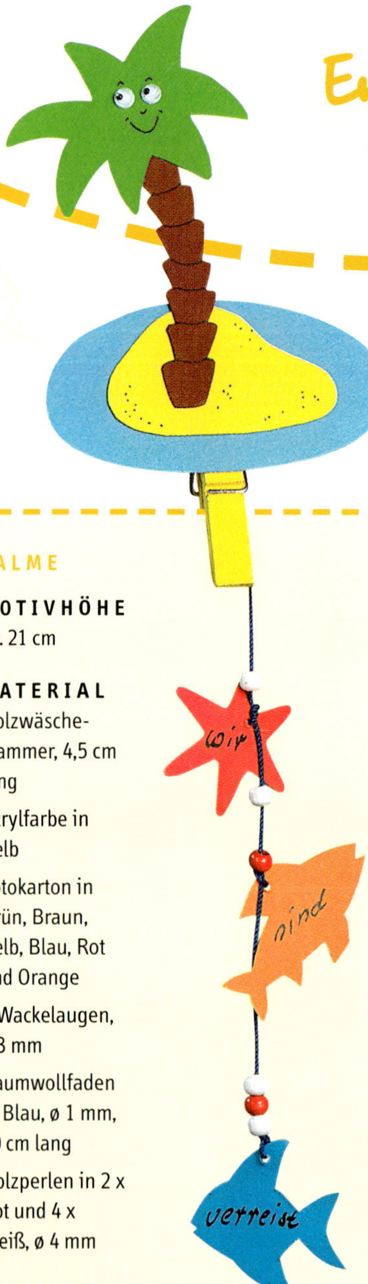

PALME

MOTIVHÖHE
ca. 21 cm

MATERIAL
- Holzwäscheklammer, 4,5 cm lang
- Acrylfarbe in Gelb
- Fotokarton in Grün, Braun, Gelb, Blau, Rot und Orange
- 2 Wackelaugen, ø 3 mm
- Baumwollfaden in Blau, ø 1 mm, 20 cm lang
- Holzperlen in 2 x Rot und 4 x Weiß, ø 4 mm

VORLAGENBOGEN 1A

Palme

1 Die Klammer bemalen und die Einzelteile zuschneiden.

2 Fische und Seestern beschriften, lochen und zusammen mit den Holzperlen auf den Faden auffädeln. Dazwischen mit Knoten sichern. Ein Ende an der Klammerspirale anknoten.

3 Zuletzt die Insel zusammenkleben, das Gesicht aufmalen und auf der Klammer befestigen.

Sonne

1 Die Klammer bemalen und die Einzelteile ausschneiden.

2 Auf den runden Kopf die Sonnenbrille kleben und das Gesicht aufmalen. Das Abacafaserbüschel an einem Ende mit dem Draht umwickeln und von hinten an den Kopf kleben. Den Kopf mit den Klebekissen auf dem Strahlenkranz befestigen.

3 Den Baumwollfaden durch die Klammerspiralen ziehen, auf die Enden im Wechsel gelbe und weiße Perlen aufziehen und die Schilder anbinden.

Flugzeug

1 Die Klammer bemalen und das Flugzeug und die Wolke ausschneiden.

2 Das Gesicht, die Fenster und die Trennlinien an den Flügeln mit dem sehr feinen Tuschefüller aufmalen, dann die Flügel mit Filzstift anmalen.

3 Den Faden durch die Wolke und die Klammerspirale ziehen, verknoten und das Flugzeug auf die Klammer kleben.

SONNE

MOTIVHÖHE
ca. 18 cm

MATERIAL
- Holzwäscheklammer, 7,5 cm lang
- Acrylfarbe in Blau
- Fotokarton in Gelb, Schwarz, Weiß und Hellblau
- geglühter Blumendraht, ø 0,35 mm, 5 cm lang
- Abacafaser in Schwarz, 5 cm lang
- je 4 Holzperlen in Weiß und Gelb, ø 4 mm
- Baumwollfaden in Blau, ø 1 mm, 30 cm lang
- 4 Klebekissen, 5 mm x 5 mm

VORLAGEN-BOGEN 1A

FLUGZEUG

MOTIVHÖHE
ca. 10 cm

MATERIAL
- Holzwäscheklammer, 4,5 cm lang
- Acrylfarbe in Blau
- Fotokarton in Weiß
- Filzstift in Rot
- Baumwollfaden in Rot, ø 1 mm, 15 cm lang

VORLAGENBOGEN 1A

ENGELPAAR

MOTIVHÖHE
ca. 7 cm

MATERIAL
- Holzwäscheklammer, 7,5 cm lang
- Acrylfarbe in Blau
- Fotokarton in Hautfarbe, Weiß und Rot
- Holz- oder Terrakottamalstift in Weiß, ø 1 mm (weiße Punkte)
- geglühter Blumendraht, ø 0,35 mm, 2 x 5 cm lang
- Abacafaser in Schwarz und Orange, jeweils 5 cm lang
- 4 Klebekissen, 5 mm x 5 mm

VORLAGENBOGEN 1A

BLONDER ENGEL

MOTIVHÖHE
ca. 9 cm

MATERIAL
- Holzwäscheklammer, 7,5 cm lang
- Acrylfarbe in Hellblau
- Fotokarton in Hautfarbe, Weiß und Rot
- Blumendraht, ø 0,35 mm, 5 cm und 10 cm lang
- Abacafaser in Gelb, 5 cm lang

VORLAGENBOGEN 1A

Schutzengel

→ jeder braucht einen!

Engelpaar

1 Die Klammer blau bemalen und nach dem Trocknen mit weißen Punkten versehen. Die Einzelteile aus Fotokarton zuschneiden, in die Stirn mit der Vorstechnadel je ein Loch stechen und auf die Körper weiße Punkte auftupfen.

2 Die Abacafaserbüschel jeweils mit einem Drahtstück in der Mitte zweimal umwickeln, ein Drahtende von vorne durch das Loch in der Stirn stecken und auf der Rückseite beide Drahtenden miteinander verdrehen. Die Gesichter aufmalen.

3 Köpfe und Flügel an die Körper kleben. Die Engel jeweils mit zwei Klebekissen von hinten an der beschrifteten Wolke fixieren. Die Wolke mit den Engeln auf die Klammer kleben.

Blonder Engel

1 Die Klammer bemalen, die Einzelteile ausschneiden und mit der Vorstechnadel ein Loch in der Stirn anbringen.

2 Die Abacafaser mit dem kurzen Drahtstück zweimal in der Mitte umwickeln, ein Drahtende von vorne durch das Loch in der Stirn stecken und auf der Rückseite beide Drahtenden miteinander verdrehen.

3 Den anderen Draht zur Hälfte durch das Loch in der beschrifteten Wolke stecken, dann den überstehenden Draht jeweils um ein Schaschlikstäbchen zur Spirale wickeln. An den Drahtenden jeweils ein Herz anbringen.

4 Die Einzelteile wie abgebildet zusammenkleben.

VERGISS NICHT,
WIR BESCHÜTZEN
DICH!
VERGISS NICHT,
ICH BIN BEI DIR!

Familienbrett

→ wissen, was los ist

MOTIVHÖHE
samt Figuren ca. 13 cm

BRETT

MATERIAL

- Sperrholz, 4 mm stark, 22 cm x 6 cm (durchgezogene Linie)
- Sperrholz, 1 cm stark, 19 cm x 3 cm (gestrichelte Linie)
- Acrylfarbe in Hellblau
- Klarlack
- Leim

VORLAGENBOGEN 1B

PAPA, MAMA UND BABY

MATERIAL

- 2 Holzwäscheklammern, 7,5 cm lang
- Holzwäscheklammer, 4,5 cm lang
- Acrylfarbe in Blau und Rot
- Holz- oder Terrakottamalstift in Weiß, ø 3 mm
- Fotokarton in Hautfarbe, Rot und Blau
- Abacafaser in Braun, 3 cm und 6 cm (Papa), 8 cm (Mama) und 3 cm (Baby) lang
- geglühter Blumendraht, ø 0,35 mm, 5 x 5 cm lang
- Kreisschablone (Brille)

VORLAGENBOGEN 1B

HUND UND KATZE

MATERIAL

- 2 Holzwäscheklammern, 4,5 cm lang
- Acrylfarbe in Weiß und Grau
- Fotokarton in Weiß, Grau und Rot

VORLAGENBOGEN 1B

Brett

Das größere Sperrholzteil auf der Vorderseite und an den Rändern bemalen, lackieren und auf das kleinere Teil leimen.

Familie

1 Die Klammern farbig gestalten und die Einzelteile aus Fotokarton zuschneiden. Die Gesichter aufmalen, den Hundekopf zusammenkleben und beim Baby den Schnuller anbringen.

2 Bei Papa das 3 cm lange Abacafaserbüschel an einem Ende mit Blumendraht umwickeln, das andere Büschel jeweils 2 cm von beiden Enden entfernt umwickeln. Das lange Büschel quer am Hinterkopf ankleben, das kurze senkrecht.

3 Bei Mama die Abacafaser in der Mitte mit einem Stück Draht zusammenfassen, dann ein Drahtende von vorne durch das vorgestochene Loch in der Stirn stecken und auf der Rückseite mit dem anderen Ende verdrehen.

4 Beim Baby die Abacafaser mit einem Drahtstück an einem Ende umwickeln. Das Haarbüschel von hinten an den Kopf kleben.

5 Die Köpfe und bei der Katze auch das Herz auf die Klammern kleben.

Tipp: Wählen Sie die Haarfarben Ihrer Familie aus. So erkennt sich jeder gleich wieder.

Pause

→ endlich!

HUND

MOTIVHÖHE
ca. 14 cm

MATERIAL
- Holzwäscheklammer, 7,5 cm lang
- 3 Holzwäscheklammern in Blau, 2,5 cm lang
- Acrylfarbe in Blau und Weiß
- Fotokarton in Ocker, Blau, Schwarz und Weiß
- geglühter Blumendraht, ø 0,35 mm, 10 cm und 16 cm lang
- Lackdraht in Schwarz, ø 0,5 mm, 12 cm lang

VORLAGENBOGEN 1B

SCHILDKRÖTE

MOTIVHÖHE
ca. 8 cm

MATERIAL
- Holzwäscheklammer, 7,5 cm lang
- Acrylfarbe in Rot
- Fotokarton in Hautfarbe, Blau, Rot und Weiß
- Filzstift in Hellblau
- Lackdraht in Schwarz, ø 0,5 mm, 10 cm lang

VORLAGENBOGEN 1B

Hund

1 Auf die weiß bemalte Klammer mit einem Schaschlikstäbchen blaue Punkte auftupfen. Die Einzelteile für den Hund aus Fotokarton ausschneiden und zusammenkleben. Das Gesicht und die Punkte auf dem Halsband mit Tuschefüller aufmalen.

2 Den langen Blumendraht halb durch die Klammerspirale ziehen, verdrehen und an den Enden jeweils eine kleine Klammer andrahten. Ein Ende des kurzen Drahtes und des Lackdrahtes ebenfalls an der Klammerspirale fixieren und die dritte Klammer bzw. am Lackdraht das Schild befestigen.

3 Den Hund auf die Klammer kleben.

Schildkröte

1 Die Klammer bemalen und die Einzelteile aus Fotokarton ausschneiden. Den Lackdraht halb durch die Klammerspirale ziehen, verdrehen und an den Enden das Schild einhängen.

2 Auf das Kissen hellblaue Punkte auftupfen, das Muster auf das Schild und die Kappe sowie das Gesicht und die Fußnägel aufzeichnen. Die Schildkröte zusammenkleben.

3 Das Kissen und die Schildkröte auf die Klammer kleben.

PAUSE
30 Minuten
15 Minuten
5 Minuten
MACH' 'MAL PAUSE

Hier wohnt Max

→ Nachrichten erwünscht

1 Die Sperrholzteile aussägen, durchbohren, auf einer Seite und an den Rändern bemalen und mit Klarlack überstreichen. Als Türscharniere jeweils einen 10 cm langen Draht durch Tür und Hauswand ziehen und die Enden auf der Rückseite miteinander verdrehen. Durch die gelbe Türknauf-Perle einen Draht ziehen, die Enden durch die Löcher in der Tür stecken und auf der Rückseite verdrehen. Dach und Grasfläche aufleimen.

2 Die Klammern in den entsprechenden Farben bemalen und die Einzelteile aus Fotokarton zuschneiden.

3 Am Koboldkopf Nase und Wackelaugen aufkleben. Das Gesicht aufmalen, ein Plüschstück als Haare aufkleben und den Kopf auf die Klammer setzen. Die Armkordel durch die Klammerspirale stecken und die Hände ankleben. Die Füße lochen und die Enden der Beinkordel durchstecken und ankleben. Die Mitte der Beinkordel in die Klammeröffnung neben die Klammerspirale kleben.

4 Am Katzenkopf das Gesicht aufmalen und vier Löcher einstechen. Zwei Drähte (5 cm lang) als Barthaare durchstecken. Mit dem letzten Draht das Herz am Katzenhals befestigen. Von vorne den Kopf und von hinten den Körper an die Klammer kleben.

MOTIVHÖHE
ca. 22 cm

MATERIAL
- Sperrholz, 4 mm stark (Dach, Grasfläche)
- Sperrholz, 1 cm stark (Haus und Tür)
- Klarlack
- Holzwäscheklammer, 7,5 cm lang
- 4 Holzwäscheklammern, 4,5 cm lang
- Acrylfarbe in Rot, Zitronengelb, Blau, Grün und Weiß
- Fotokarton in Hautfarbe, Weiß, Rot und Blau
- 2 Wackelaugen, ø 5 mm
- Holzperle in Braun, ø 6 mm (mit dem Cutter halbiert, Nase)
- Holzperle in Gelb, ø 8 mm
- Jutekordel in Natur, ø 3,5 mm, 9 cm und 15 cm lang
- geglühter Blumendraht, ø 0,35 mm, 4 x 10 cm und 2 x 5 cm lang
- Baumwollfaden in Rot, ø 1 mm, 3 x 15 cm lang
- Plüsch in Schwarz
- Bohrer, ø 1 mm und ø 3 mm

VORLAGENBOGEN 2A

Gesundheit!

→ Arzttermine und Medikamente

HAMSTER

MOTIVHÖHE
ca. 8 cm

MATERIAL
- Holzwäscheklammer, 7,5 cm lang
- 4 Holzwäscheklammern in Blau, Rot und Gelb, 2,5 cm lang
- Acrylfarbe in Blau und Weiß
- feiner Filzstift in Rot (Rotes Kreuz)
- Fotokarton in Ocker, Weiß, Grau und Blau sowie beliebige Farben
- Alu-Karton in Silber
- Lackdraht in Schwarz, ø 0,5 mm, 14 cm lang (Schild)
- Silberdraht, ø 0,5 mm, 4 cm lang (Spritze)
- geglühter Blumendraht, ø 0,35 mm, 2 x 20 cm lang (kleine Klammern)

VORLAGENBOGEN 1B

HÄSIN

MOTIVHÖHE
ca. 8 cm

MATERIAL
- Holzwäscheklammer, 7,5 cm lang
- Acrylfarbe in Weiß, Blau und Ocker (Flaschenkorken)
- feiner Filzstift in Rot
- Fotokarton in Braun, Weiß, Grau und Rot
- geglühter Blumendraht, ø 0,35 mm, 5 cm lang

VORLAGENBOGEN 1B

Hamster

1 Die große Klammer bemalen. Die Einzelteile aus Fotokarton zuschneiden.

2 Das Gesicht aufmalen, dann mit dem Pinsel die weißen Nagezähne und die Ohrinnenflächen ergänzen. Die Skala auf die Spritze aufzeichnen und die Nadel ankleben. Den Hamster zusammenkleben.

3 Ein Ende des schwarzen Drahtes an der Klammerspirale andrahten, am anderen Ende das Schild einhängen. Die beiden Blumendrähte halb durch die Klammerspirale ziehen, miteinander verdrehen und an den Enden jeweils eine kleine Klammer andrahten.

4 Den Hamster auf die Klammer kleben.

Häsin

1 Die Klammer bemalen und die Einzelteile ausschneiden.

2 Die Innenohren weiß aufmalen und die Augen mit einem Schaschlikstäbchen auftupfen. Das Gesicht aufzeichnen und die Schwesternhaube aufsetzen. Den Flaschenkorken anmalen und das Schildchen mit Blumendraht fixieren.

3 Alle Einzelteile zusammenkleben und die Häsin auf der Klammer fixieren.

ARZT-
TERMINE
Mama
19. März
11.30 Uhr
Dr. Schmied
Lena
17.4 1600
Dr. Müller
PAPA
03.05. 1045
DR. MAYER
3x täglich

Schlaues Gemüse

→ für Nahrhaftes

MOTIVHÖHE

Rettich und Radieschen ca. 10 cm
Bohne ca. 14 cm

MATERIAL

- Holzwäscheklammer, 7,5 cm lang
- Holzwäscheklammer, 4,5 cm lang
- Acrylfarbe in Grün und Weiß
- Fotokarton in Grün, Hellgrün, Weiß und Rot
- je 1 Holzperle in Rot und Weiß, ø 6 mm (mit dem Cutter halbiert, Nase)
- Baumwollfaden in Weiß, ø 1 mm, 15 cm lang
- 6 Holzperlen in Weiß, ø 4 mm

VORLAGENBOGEN 1A

1 Die Klammer bemalen. Die Einzelteile zuschneiden und Radieschen und Rettich zusammenkleben. Für die Bohne auch sechs Kernchen aus Fotokarton ausschneiden und mit der Vorstechnadel lochen.

2 Die Gesichter aufmalen, die Augen des Radieschens mit einem Schaschlikstäbchen auftupfen und die halbierten Holzperlen als Nasen anbringen.

3 Die Motive auf die Klammer kleben. Bei der Bohne die Kernchen im Wechsel mit den Holzperlen auf den Faden aufziehen, mit einem Knoten sichern und das andere Ende an der Klammerspirale anknoten.

Telefon

Die Telefonteile auf der Vorderseite und an den Rändern bemalen, lackieren und zusammenleimen. Anstelle der Befestigungsleiste kann das Telefon auch mit abnehmbaren Klebepads direkt an die Wand geklebt werden. Es lässt sich dann jederzeit wieder ablösen.

Figuren

1 Die Klammern bemalen. Die Punkte mit einem Schaschlikstäbchen auftupfen, die Kreuze mit dem weißen Stift aufbringen. Die Einzelteile aus Fotokarton zuschneiden. Die Gesichter aufmalen und dem Mann die Brille aufkleben. An den Köpfen der beiden Frauen mit der Vorstechnadel Löcher vorstechen.

2 Bei der schwarzhaarigen Quasselstrippe das Abacafaserbüschel 2 cm von einem Ende entfernt mit einem Drahtstück zusammenfassen. Die Abbindestelle mit rotem Faden umwickeln. Die Haare in der Mitte auseinanderbiegen. Bei der rothaarigen Quasselstrippe

TELEFON

MATERIAL

- Sperrholz, 4 mm stark (Hörer und Wählscheibe – durchgezogene Linien, ggf. Befestigungsleiste – Strichpunktlinie)
- Sperrholz, 1 cm stark (Telefonkörper – gestrichelte Linie)
- Acrylfarbe in Zitronengelb
- Klarlack
- evtl. Bohrer, ø 3 mm

VORLAGENBOGEN 2A

FIGUREN

MOTIVHÖHE

ca. 8 cm bis 9 cm

MATERIAL

- 3 Holzwäscheklammern, 7,5 cm lang
- Acrylfarbe in Grün, Weiß, Rot und Blau
- Fotokarton in Hautfarbe, Rot, Blau und Schwarz
- Holz- oder Terrakottamalstift in Weiß, ø 1 mm (Kreuzmuster)
- Abacafaser in Schwarz, 2,5 cm und 5 cm lang, und Rot, 11 cm lang
- Lackdraht in Schwarz, ø 0,5 mm, 3 x 20 cm lang
- geglühter Blumendraht, ø 0,35 mm, 3 x 10 cm lang
- Baumwollfaden in Rot, ø 1 mm, 10 cm lang (Haare zusammenfassen)

VORLAGENBOGEN 2A

WEITERFÜHRUNG

Telefon

das Abacafaserbüschel in der Mitte mit einem Drahtstück zusammenfassen. Bei beiden Anruferinnen ein Drahtende von vorne durch das Loch in der Stirn stecken und auf der Rückseite mit dem anderen Ende verdrehen.

3 Beim männlichen Anrufer das kurze Faserbüschel an einem Ende mit Draht umwickeln und an den Hinterkopf kleben.

4 Die Köpfe, Telefonhörer und Hände anbringen. Für die Hörerkabel je ein Ende des Lackdrahtes an der Klammerspirale andrahten. Den restlichen Draht um ein Schaschlikstäbchen wickeln, die Spirale abstreifen, etwas dehnen und den Hörer einhängen.

Messlatte

→ von der Maus zur Kuh, so groß wirst du!

Messlatte

1 Für die Messlatte die breite Leiste gemäß der Abbildung bemalen, mit der Skala versehen und lackieren. Die schmale Leiste ganz in Blau bemalen, ebenfalls lackieren und linksbündig dahinter leimen (vgl. Zeichnung auf dem Vorlagenbogen).

2 Entweder mit wieder abnehmbaren Klebepads (UHU tac) an der Wand befestigen oder zwei Löcher für Schrauben in die Latte bohren.

Figuren

1 Die Klammern wie abgebildet bemalen. Die Motivteile aus Fotokarton ausschneiden.

2 Der Kuh braune Flecken, eine rosa Schnauze, Hörner und Hufe in Gelb aufmalen. Augen und Nüstern mit Tuschefüller ergänzen und die Einzelteile zusammenkleben.

3 Den Schweinsrüssel mit dem Klebekissen anbringen. Die Schweinebäckchen und -hufe mit Buntstift röten und das Gesicht mit Tuschefüller aufzeichnen. Die Beine ankleben.

4 Die Katzenpfoten, Schwanzspitze und Ohrenlinien mit dickem schwarzen Filzstift betonen. Das Gesicht aufzeichnen und sechs Löcher mit der Vorstechnadel einstechen und die Barthaare durchziehen. Die Beine ankleben.

5 Die Mausinnenohren und den Bauch mit weißer Acrylfarbe aufmalen. Das Gesicht und die Pfoten aufzeichnen. Mit der Vorstechnadel sechs Löcher in die Schnauze stechen und die Barthaare einziehen. Den Kopf und die Beine ankleben.

6 Jedes Tier auf eine Klammer kleben.

MESSLATTE

MOTIVHÖHE
ca. 1 m

MATERIAL MESSLATTE

- Sperrholz, 4 mm stark, 1 m x 5 cm
- Sperrholz, 1 cm stark, 1 m x 3 cm
- Acrylfarbe in Blau, Weiß und Gelb
- Holz- oder Terrakottamalstift in Blau, ø 1 mm
- Klarlack

VORLAGENBOGEN 2B

FIGUREN

MOTIVHÖHE
Kuh ca. 11 cm
Schwein ca. 9 cm
Katze ca. 5 cm
Maus ca. 13 cm

MATERIAL

- 4 Holzwäscheklammern, 7,5 cm lang
- Acrylfarbe in Grün, Braun, Rosa, Gelb, Blau, Rot und Weiß
- Fotokarton in Weiß, Rosa und Grau
- Holz- oder Terrakottamalstift in Gelb und Weiß, ø 1 mm (Muster auf Klammern)
- dicker Filzstift in Schwarz
- Klebekissen, 5 mm x 5 mm
- geglühter Blumendraht, ø 0,35 mm, 6 x 5 cm lang (Katzen- und Mäusebarthaare)

VORLAGENBOGEN 2B

MOTIVHÖHE
ca. 30 cm

BRETT

MATERIAL
- Sperrholz, 4 mm stark (durchgezogene Linie)
- Sperrholz, 1 cm stark (gestrichelte Linie)
- Acrylfarbe in Hellgrün und Weiß
- Klarlack
- Bohrer, ø 1,5 mm und ø 3 mm
- 2 Schrauben, 3 cm lang

VORLAGENBOGEN 2B

GARTENMOTIVE

MATERIAL
- 4 Holzwäscheklammern, 4,5 cm lang
- 2 Holzwäscheklammern, 7,5 cm lang
- 6 Wackelaugen, ø 3 mm
- Acrylfarbe in Weiß und Gelb
- Fotokarton in Blau, Weiß, Gelb, Orange, Rot, Hellbraun und Dunkelgrün
- je 1 Holzperle in Rot und Braun, ø 6 mm (mit dem Cutter halbiert, Nasen)
- 2 Holzperlen in Grün, ø 4 mm (Schnecken-Fühler)
- Holz- oder Terrakottamalstift in Grün und Rot, ø 3 mm
- Buntstift in Braun (Zwiebel)
- geglühter Blumendraht, ø 0,35 mm, 20 cm (Gießkanne) und 8 cm lang (Schnecke)
- Baumwollfaden in Weiß, ø 1 mm, 3 x 30 cm lang

VORLAGENBOGEN 2B

Im Garten

→ was gibt's zu tun?

Brett

Die Bohrungen in beiden Holzteilen vornehmen und auf einer Seite sowie an den Rändern bemalen, lackieren und aufeinander leimen.

Gartenmotive

1 Auf die weiß bemalten Klammern ggf. rote bzw. grüne Linien aufmalen. Die Einzelteile aus Tonkarton ausschneiden, ggf. zusammenkleben und die Gesichter aufzeichnen. Auf die kleinen roten und weißen Blüten mit dem Schaschlikstäbchen jeweils einen gelben Punkt als Blütenmitte auftupfen.

2 Auf die Enden des kurzen Drahtstückes jeweils eine kleine Holzperle aufstecken und dann die Enden umbiegen. Den Draht als Fühler von hinten an den Schneckenkopf kleben. Den langen Draht um den Gießkannengriff schlingen und die Blüten auffädeln.

3 Die Motive entweder auf die Klammern oder direkt aufs Brett kleben.

Nicht vergessen!
Anita Blumen gießen v. 11.5.–30.5.
Hecken schneiden
Radieschen säen

Schildkröte und Schnecke

→ gleich zurück

SCHILDKRÖTE

MOTIVHÖHE
ca. 6 cm

MATERIAL
- Holzwäscheklammer, 7,5 cm lang
- Acrylfarbe in Hellblau
- Fotokarton in Hautfarbe, Orange, Schwarz und Weiß
- Lackdraht in Schwarz, ø 0,5 mm, 6 cm lang
- Abacafaser in Schwarz, 2 cm lang
- Holzperle in Schwarz, ø 4 mm

VORLAGENBOGEN 1B

SCHNECKE

MOTIVHÖHE
ca. 6 cm

MATERIAL
- Holzwäscheklammer, 7,5 cm lang
- Acrylfarbe in Gelb
- Fotokarton in Schwarz, Gelb und Weiß
- Holzperlen in 6 x Gelb und 1 x Schwarz, ø 4 mm
- Lackdraht in Schwarz, ø 0,5 mm, 8 cm (Fühler) und 12 cm lang (Schild)
- Abacafaser in Schwarz, 1,5 cm lang

VORLAGENBOGEN 1B

Schildkröte

1 Auf die hellblau bemalte Klammer schwarze Punkte auftupfen. Alle Einzelteile aus Fotokarton ausschneiden.

2 Den Schildkrötenpanzer bemalen. Am Kopf die Sonnenbrille aufkleben, das Gesicht aufmalen und von hinten das Faserbüschel ankleben. Die Schildkröte zusammenkleben.

3 Auf das Drahtende die Perle aufstecken und das Ende umbiegen. Das Schild beschriften, an der gestrichelten Linie umklappen und an den Draht kleben. Den Draht von hinten am Panzer fixieren.

4 Die Schildkröte auf die Klammer kleben.

Schnecke

1 Die Klammer gelb bemalen und die Einzelteile aus Fotokarton ausschneiden. Die Tupfen auf Haus und Schild mit einem spitzen Schaschlikstäbchen aufbringen, das Schild mit der Vorstechnadel lochen.

2 Den Schilddraht an der Klammerspirale befestigen, drei Perlen auffädeln und das Schild einhängen. Die Schnecke zusammenkleben. Fühler und Abacabüschel anbringen und auf die Räder jeweils eine Perle kleben.

3 Die Schnecke auf die Klammer kleben.

BIN GLEICH ZURÜCK
BIN SOFORT WIEDER DA!

E-MAIL AN MANUEL ABSCHICKEN
Drucker-patrone wechseln!
SELECT
Anti-Virus Programm updaten!

Teufel

→ gegen Computerviren immun

MOTIVHÖHE
ca. 9 cm

MATERIAL PRO MOTIV

- Holzwäscheklammer, 7,5 cm lang
- Acrylfarbe in Schwarz und Weiß
- Fotokarton in Rot
- evtl. Dekopaste in Schwarz
- Scheibenmagnet, ø 1,2 cm
- Borstenpinsel

VORLAGENBOGEN 1A

1 Den Magnet auf die Rückseite der schwarz bemalten Klammer kleben. Den Kopf aus Tonkarton ausschneiden.

2 Das Gesicht mit dem sehr feinen schwarzen Tuschefüller aufmalen. Die Lichtpunkte in den Augen mit weißer Farbe und einer Nadel setzen. Die schwarze Dekopaste für die Haare mit einem Borstenpinsel auftragen.

3 Den Kopf auf die Klammer kleben.

Marsmännchen

→ sie sind unter uns!

MOTIVHÖHE
ca. 9 cm

MATERIAL PRO MOTIV

- Holzwäscheklammer, 7,5 cm lang
- Acrylfarbe in Hellgrün
- Fotokarton in Hellgrün, Grün und Rot
- Lackdraht in Grün, ø 0,5 mm, 10 cm lang
- 2 Holzperlen in Rot, ø 4 mm
- evtl. Papierdraht in Hellgrün, 10 cm lang

VORLAGENBOGEN 2A

1 Die Klammer grün bemalen. Die Einzelteile aus Fotokarton ausschneiden.

2 Das Gesicht gestalten, evtl. den Mund ausschneiden und von hinten roten Fotokarton ankleben.

3 Den Draht über ein Schaschlikstäbchen zur Spirale winden, die Perlen anbringen, den Draht in der Mitte knicken und an den Hinterkopf kleben.

4 Bei Tino die Papierdrahtarme einseitig in die kleine Öffnung neben der Klammerspirale kleben, so dass sich die Klammer später auch wieder öffnen lässt. An den Enden die Kartonhände befestigen.

5 Kopf und Untertasse auf die Klammer kleben.

Marsmännchen

Anleitung Seite 31

DIESES BUCH ENTHÄLT 2 VORLAGENBOGEN

IMPRESSUM

FOTOS: frechverlag GmbH, 70499 Stuttgart; Fotostudio Ullrich & Co., Renningen
DRUCK: frechdruck GmbH, 70499 Stuttgart

Auflage: 5. 4. 3. 2. 1.
Jahr: 2008 2007 2006 2005 2004 [Letzte Zahlen maßgebend]

ISBN 3-7724-3265-4
Best.-Nr. 3265